AF607134
AVERSO

# DESECHOS

José María Higuera

Número 42 de la Colección **AVERSO POESÍA**

*Desechos*

Edición al cuidado de Averso Poesía
*www.aversopoesia.com*

*hola@aversopoesia.com*

Primera edición: enero de 2025
ISBN: 978-84-10027-52-7
Depósito Legal: GR 48-2025

Imagen de cubierta: *Rawpixel*

Impreso en España - *Printed in Spain*

*El papel utilizado para la impresión de este libro está calificado como papel ecológico y procede de bosques gestionados de manera sostenible.*

# DESECHOS

José María Higuera

I Premio del XXVI Certamen de Poesía «Rosalía de Castro»
Casa de Galicia en Córdoba

# PRÓLOGO

No es fácil conseguir la unanimidad de un jurado porque son muchas las circunstancias que concurren en la elección de una obra, pero entendimos que *Desechos*, muy en la línea de la poesía urbana, reunía todas las virtudes para conectar con un profuso grupo de lectores. La descarnada realidad que rezuman los textos de este libro no enturbia la transmisión de una verdad que interpreta cabalmente el sentido de la poesía. La emoción supera con creces cualquier pensamiento atrabiliario forjado siempre sobre un mensaje directo, alumbrado por un revelador acento crítico; por un aura de verdad que nos convierte en víctimas y cómplices del entorno hostil, vacío y carente de motivaciones al que nos somete la existencia.

Nada queda deslavazado en el discurso. Todo se encadena y armoniza para alcanzar, a través de los sentidos, las razones del corazón. Y de la misma manera, atendiendo al pensamiento de John Locke, cimentado en las teorías de Aristóteles y Tomás de Aquino, nada hay en el intelecto que antes no hubiera pasado por los sentidos. Inteligencia y sentimiento devienen mancornados para construir sobre el derrubio moral de la conciencia una arquitectura sólida donde se sustenta el poema. Solo desde este conocimiento es posible trascender la materia para convertirla en crisol fulgente de la imaginación y el espíritu; el equilibrio necesario entre lo vivencial y lo esencial que, como afirmaba Antoine de Saint Exupéry, siempre es invisible a los ojos.

Coincidió todo el jurado en que el libro de José María Higuera compendia la historia de nuestra época, transida de irracionalidad, desesperanza y espejismos; una historia que no evita sumergirse en los abismos de una sociedad desconcertada y, aún más, los desvela sin enconamiento; una historia que es nuestra historia contada con un tono equilibrado y sereno, proclive a huir del arrebato enfebrecido y el clamor sin mesura: «Cada uno se construye en lo que puede... / Ser feliz puede ser recomponerse, / zurcir con los harapos que nos quedan / aquello que nos nombra / llevando por abrigo apenas nada».

***Manuel Gahete***

*Entre estos versos*
*siento respirar a mis hermanos, Pedro y Ángela,*
*a mi madre, Juana,*
*a mi padre, Carmelo.*
*Son para ellos los poemas, el aire donde escribo.*

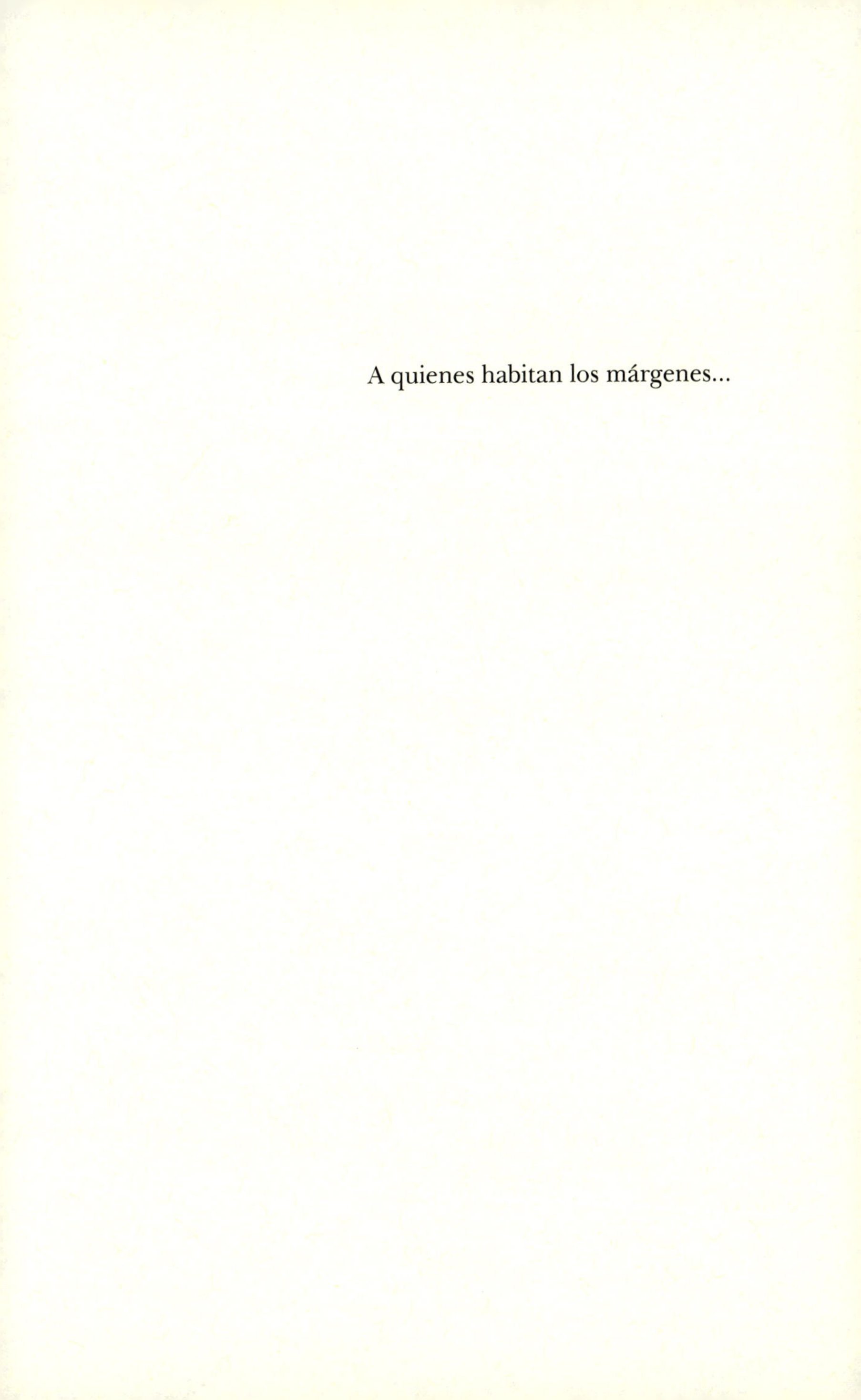

A quienes habitan los márgenes...

*Los desechos, los escombros, los desperdicios*
*no son algo que haya que condenar en sí: son una*
*consecuencia necesaria de la vida.*

NIETZSCHE

*Basura es lo que no tiene lugar,*
*lo que no está en su sitio y, por tanto, lo que hay que*
*trasladar a otro sitio con la esperanza*
*de que allí pueda desaparecer como basura, reactivarse,*
*reciclarse, extinguirse:*
*lo que busca otro lugar para poder progresar.*

JOSÉ LUIS PARDO

# MATERIA ORGÁNICA

*El amor perfecto es la más hermosa de todas las frustraciones porque es más de lo que se puede expresar.*

Charles Chaplin

## A veces las cosas

No se buscan igual en los rincones
las pinzas de la ropa,
ni se miran de forma parecida.
Siempre queda al final la más pequeña,
la que muestra lo roto de sus bordes
o el muelle fatigado.

Ya nunca más se ven como al principio
las ceras de dibujo, por ejemplo,
con sus puntas en fila y ordenadas
por ganas de colores.
No ocupan su lugar ni se asemejan.
Cada una de un tamaño diferente
y algún hueco visible en el estuche
que por nadie jamás será ocupado.

Ya no es igual la ropa, que en el cesto,
espera a ser lavada:
la camiseta añil desconocida,
el calcetín a rayas sin pareja,
algunos trapos sucios
que se guardan en orden, por armarios,
con las cosas que sobran.

No sabemos lo que nos insinúa
la silla que cojea,
la puerta descolgada
o el cajón que conserva lo inservible,
ni qué sitio conquista cada roce.

No sabemos si tienen su sentido
dos cepillos de dientes
distantes en un vaso,
si queda un hueco intacto en la basura
donde pasar la noche.

## Síndrome de Stendhal

Dentro de mí padece la ciudad,
su dejadez,
su luz en fuga indiferente,
su ordenado suicidio sostenido,
su desvelo de náufrago.

La ciudad sometida a la marea
que emerge a respirar de su agonía
aspira a ser sepulcro submarino
o paseo de pecios para peces.
Las góndolas de atrezo recordando
ataúdes con nombres de coristas,
ataúdes que rompen por las venas,
ataúdes flotantes que conocen
esa extraña belleza decadente
de algunos cementerios
y tus ojos.

¡Lo bello tan despacio por San Marcos
trenzando carnavales con palomas,
masticando las vetas de los mármoles!
¡Los pasos tan mojados a mi paso!

Lo sublime dibuja con el óxido
tu nombre sobre el agua del olvido.
La manera de ser de lo intangible
se esparce contra todos los palacios.
Mientras tanto, carcome mi intemperie
una rara sonrisa de Gioconda.

## Condición de incertidumbre

Algunas cosas guardan en su nombre
la decisión constante de saberse
y habitan lo impreciso
con una tensión continua
que no desaparece con el tiempo.

Una rara cordura se sostiene
en un irse salvando poco a poco,
en cualquier elección o en cada angustia,
en no conocer quién les determina
la causa de su anhelo.

Ese interruptor, el timbre, un pestillo,
o el pomo de la puerta,
se mantienen atentos, sin descanso,
en un ir y venir de expectativas
que en nada se consuman.
En esa condición de incertidumbre,
es esta indefensión quien se proclama:
la de oler unos pasos,
la de oír un aroma
que no es mío...

En las dudas que frenan nuestro empeño
perdura una esperanza, un más allá,
un no se sabe quién,
un por si vienes.
Pero eso no nos colma.

Quizás la única razón de la insistencia
sea el calor que da una mano
y esa espesa espera, que de todo se ocupa,
cuando sabes que nadie llama al timbre,
que la puerta no se abre
ni en tus ojos se enciende alguna luz.

## La alcayata

Si solo dispusiese de un minuto
para coger la nada (cuanto queda),
tomaría la vida cuando fuimos
tan felices, al menos, ese instante.
Guardaría la foto que preside
la entrada de la casa que dejamos
donde tú me sonríes y te creo
y no me daba cuenta.

Sin embargo, pensándolo despacio,
sería suficiente
llevarme nada más que mi agujero.

Al descolgar la foto percibí
que su sitio en el mundo era ese sitio,
no el hueco ni la herida que tapaba.
Que dejaba un recerco en la pared
su silueta de un tono luminoso
que me hablaba de días
que ya no existen
y al ver que la alcayata que sostiene
quedaba, a su manera,
en su mitad desamparada, sola,
y que quizás lo hiriente de su punta
(oculta en la pared), aún ayer,
no había terminado de clavarse.

# RECOGIDA DE ENSERES

*Errar es humano,*
*pero echarle la culpa a otro es más humano.*

MARCOS MUNDSTOCK
(Les Luthiers)

## Amortiguar el golpe

Como un hombre constante en mi caída,
he bajado de nuevo la basura
separando por bolsas mis miserias.

El cristal a este lado, las deshoras
vaciadas en botellas, largos sorbos
que dan su transparencia al agujero.
A otro lado el cartón, el embalaje,
la capa que protege de los golpes,
las cartas de otros días,
los tiempos de papel, su reciclaje.
Cogida con la izquierda, de la mano,
la bolsa de lo orgánico, alimento,
lo que se descompone, alguna víscera
tal vez en mal estado.

Hay veces que me encuentro levantada
la tapa con un palo que apontoca,
que me pone más cómodo el envite.
En otras ocasiones, a mis pies,
unas flores de plástico me esperan
descoloridas, solas sobre el suelo.
Ayer, junto al contenedor azul,
en el costado, quien sea dejó
un buen colchón de muelles,
nuevo, viscoelástico.

Hoy día desconozco
si alguien apunta o sabe mis rutinas,

si estudia o analiza mis desechos,
si me mira. Sonrío por si acaso.
Reside en los detalles un alivio,
una forma de amortiguar el golpe.

## Equipo de limpieza

Respiramos las calles a deshoras
por donde todo y nada se asemeja
a lo que duerme o calla.
Centramos la manguera en la rutina
—la escoba que se esmere en lo invisible—,
mezclamos los escrúpulos con culpa
y un olor a lejía desinfecta
el sitio que pisamos.
Unos trozos de *pizza*, unos cristales,
algunos excrementos, unos ojos
con signos de sospecha...
Eso es lo de menos, poco importa
qué material o qué sitios se limpian,
qué urgencia latente nos delata
al pie de la farola. Bien parece
que tenga algo que ver con la conciencia
recoger los defectos y las sobras.

Quizás todo pecado sepa a poco,
quizás nos falte noche para tanto,
lo mismo no nos llega
con esconder el miedo
debajo de la alfombra.

Lo que no se nombra sí que existe:
sus razones se pegan en la piel
y dejan una mancha de silencio
que no desaparece.

## Trastos olvidados

Hay algo cotidiano que señala
las migajas de pan,
un puente bajo el frío
o el vuelo de las moscas.

Sentados a la mesa de los cuervos,
vagamos por las raspas
saladas de los náufragos.
Recorremos la piel de los ausentes
dibujando los mapas con su sangre.
Sanamos cada herida que nos nombra
con las manos enjutas, tan delgadas,
por dentro de los huesos,
y no nos olvidamos
de orinarnos en boca de las hienas.
Deseamos que, al pronto,
no muestren orgullosas su sonrisa,
que aprendan a llorar.

A veces cometemos la indecencia
de servir de comer para los buitres
las vísceras del hombre que nos sobra:
semillas de pañuelos, despedidas,
algo de podredumbre, algún deseo
que los cuerpos acepten sin tocarlo.

Pensamos en sembrar los desperdicios
por si todo ya no fuera a suceder,
injertar el dolor en su secreto
con justa precisión de cirujano.

Esperamos sentados al borde de la espera
que el hambre nos devore el apetito,
que nuestra luz mancille con infierno
las alas redentoras de los ángeles,
que parezcan palomas masticadas
por boca de sus hijos
(si es que acaso es posible);
que todo pueda ser solo un instante,
que suceda lo herido de un poema;
que se cumpla en el rezo de estar vivo
la tregua que predican los ateos;
que, hasta cuando la nada se muestre suficiente,
mantengamos con vida la tristeza
hiriendo de dulzura a los verdugos.

El principio del fin en que seremos
fragmentos de otra cosa
deshojando almanaques con la lengua
en el sabor azul del todavía.
Y la esperanza intacta en no sé dónde
comiéndose los restos del mañana,
bebiendo la saliva de los muertos,
respirando de un aire que no es suyo.

## La mesa

Me dan miedo las cosas que son grandes,
los espacios abiertos,
la falta de calor de algunas causas.

El otro día vi por Wallapop
un anuncio que puso mi vecino:
*A la venta una mesa larga con cuatro sillas*
(esas mesas al menos llevan seis,
es cuestión de equilibrio).

Mis vecinos habitan una casa
con tres habitaciones y su patio,
y un coche ranchera. No tienen hijos.
Me los crucé en la puerta del centro comercial.
Salían con una moderna mesa,
una risa impostada en una bolsa
y unos labios con buenas intenciones.

Ayer, al lado del contenedor,
encontré un par de sillas como las del anuncio
(hacía mucho frío).
He visto en un cartel de Fotocasa
que se vende o alquila la vivienda.

En una mesa grande,
cuando veo cenar a dos personas,
da igual cómo se sienten,
cómo se distribuya la vajilla
o pongan los cuchillos;

si el mantel es lujoso o delicado,
si el vino disimula los desiertos.
Es cuestión de equilibrio:
algo invisible daña en las distancias
haciéndose evidente ante los ojos
un hueco insoportable.

# ENVASES NO RETORNABLES

*Partiendo de la nada*
*hemos alcanzado las más altas cotas de miseria.*

GROUCHO MARX

## La hora del almuerzo

En la televisión,
la chica que digiere su sonrisa
percibes que te observa de reojo
y que no se equivoca. Busca el agua,
se peina en las costillas de otra joven.
Sostiene un campo seco en las retinas
y migajas de infancia entre los dientes.
Sus ojos, girasoles del desierto;
su boca, un pozo escaso de sol en su estrechura.
Los zapatos ausentes, las uñas desgastadas
arañando una esquela
donde suelen beber los ruiseñores.
Por dentro de su estómago, los cuervos
se alimentan de un pan que nunca existe.

Mantiene su mirada al objetivo.

Retiro lo que sobra de comida.
Al cerrar la botella de licor,
un letrero amarillo impertinente
reclama una respuesta:
«Envía tu SMS con la palabra HAMBRE».

Mientras mis hijas juegan con el móvil
recojo los cubiertos del mantel
no sin cierta vergüenza.
Sobrevuela los restos una mosca.
Percibo que me observa de reojo,
con un interrogante me señala.

## Aviones de papel

Me seducen las aves a su paso.

Trazo coordenadas con cada despedida
consciente de que todo deterioro
contiene en su sabor un precipicio.

Con la debilidad de la papiroflexia,
pliego alas y lentas las abato.
Toca asumir el riesgo, la caída,
emparejar las plumas con el suelo,
besar el sol en el aterrizaje.

Entre cada doblez,
algo fractura.
Tras todas las ventanas,
una espera.
Para cada ojo,
un ciego que te mira.
Entre los pies y el vértigo,
tiemblan las azoteas y las dudas.
Un papel arrugado entre las manos
que se deja caer en torbellino
clama su vocación de testamento.

¿En qué lugar oculto de la sangre
el estiércol redime su negrura?
¿Qué peso no discute
el vuelo de las almas?

En cuanto las siluetas derriban sus contornos,
los suicidas devoran las aceras
tratando de imitar
lo roto de los pájaros.

## Yogures

Algunas decisiones en su gesto
nada pretenden, todo lo consiguen
y originan lugares
donde acostarnos más tranquilos.

Bajabas al supermercado
y expuestos al principio se mostraban,
a mano, los más viejos,
pidiéndote perdón por estar vivos.
Tenías que buscar en los estantes,
hurgar todo el producto
creando una tensión innecesaria,
coger aquellos que durasen varios días.

Antes, junto a la imagen
grabada sobre cada tapadera,
la fecha de caducidad,
tan evidente, recordaba
que los días estaban ya contados.
Ahora es bien distinto.

No sé si nos engañan
o es un acto de amor o de cordura
pero pone *consumo preferente*.

Lo leemos y al menos nos alegra
que nada parezca irremediable,
que alberguen al abrirlos
una esperanza.

# TEXTILES Y ROPA USADA

*La información más importante surge en el silencio.*

El Roto

## Razones para todo

Donde cada vigía afila su ceguera,
todas las bocas mueren por sus peros
mirando para otro lado.
Allí un hombre se afirma en el detalle
de lo que se desecha.
A la misma hora, cada noche,
empieza la batida.
A la misma hora, cada noche,
elige su momento y, con pudor,
recoge de las bolsas
objetos y lugares
y devuelve a su sitio, con un orden,
las sobras que no estima necesarias.
Se marcha y lleva en el canasto
razones para todo,
alguna sombra, una muñeca...
Sus causas lo sostienen. Nadie sabe.

Cada noche, en el mismo horario,
se percibe el latir de las persianas,
echadas las cortinas.

Es posible saber qué nos define,
si tenemos razones para todo.

Ayer, en la piscina,
la niña acariciaba su peluche
y, jugando, arañaba, sin querer,
nuestra mala conciencia.

## El *luthier* de espantapájaros

Mi desvelo es sentir en lo perdido
y asumir todo riesgo en las costuras.

Hago mío lo roto de los trapos,
la tela que se roza,
algunas ropas viejas.
Calculo con lo sano los remedios
y trato de que agarren los pespuntes.
Un vuelo de tijeras me circunda.
Entre hilos soy. En lo profundo busco
retales de otras vidas.

Compongo un hombre nuevo:
lo bello de un dolor y su contraste,
que se sumen los sietes,
soñar una mirada en dos botones.
Enhebro cada aguja. Siento el ojo,
al francotirador
que apunta al corazón de los remiendos.
Persigo con saliva ungir lo triste,
trazar la cicatriz exacta que dibuje
un esbozo de labio.

Cada uno se construye en lo que puede,
asimila lo urgente en los rincones
y al final se decanta hacia la parte
que escapa de las manos.

Ser feliz puede ser recomponerse,
zurcir con los harapos que nos quedan
aquello que nos nombra
llevando por abrigo apenas nada.

Expongo lo que resta y muestro lo que soy.
Que el sol, la lluvia, el frío, los infiernos
decidan por sí solos.

Nadie tiene la culpa de lo efímero
ni de que aún no exista la palabra
que defina
la herida que te ofrezco.

## La chica de la esquina

Duermen secas las ganas,
la ropa está tendida.
Todos los días saben parecidos
excepto en sus contornos.
Un armario vacío, los tacones de aguja,
el tanga repartiendo guiños a las camisas
—centímetros de piel que dan abrazos—.

Oigo mis llaves abrir una puerta
y poco más recuerdo: lo preciso,
lo inmediato, el instante en que te vas.

He cogido la ropa, por si acaso,
he guardado las rosas
debajo de los postres,
cuelgo en el tendedero las llaves de mi casa.
Me dejo la memoria en cada desayuno.
La calle es una maldición que espera
el desembarco rojo de los besos,
la bala que repare su orificio.

Vestida en cuerpo extraño
regurgito
la exacta palabra que te invente.

# PUNTO LIMPIO

*Al final, ¿cómo es el asunto?*
*¿Uno va llevando su vida adelante o la vida se lo lleva por delante a uno?*

Mafalda - Quino

## Un lugar para lo roto

Al caer el jarrón desde lo entero,
en el aire comienza la fractura
a sentirse la dueña de las cosas.

El golpe nada más que delimita,
define las fronteras.
Toda esquirla contiene
la memoria de la forma.
Sobre cada pedazo,
el todo y cada parte.

¿A qué grieta prestamos atención
sin sentirnos injustos con el resto?
¿A cuál la bautizamos como herida
sin verla más hermosa?

Quien recoge del suelo los fragmentos
se mancha el corazón,
quien seduce la sangre de lo inerte
alumbra con su ser
el precipicio.

Si el jarrón sobre sí mismo regresa
y vuelve para atrás en su caída
y los trozos prometen compostura
de cuerpo en porcelana,
no habrá parte en nosotros que prescriba
ni se mantenga intacta eternamente.
Y solo quedará bajo la boca,

impune,
la actitud de un epitafio.

Solo un lugar común para lo roto.

## La fotografía (Urbex)

Hay días que en los sitios
practican su derrota
verdades que residen en el polvo.
Lugares que parecen
que no quisieron ser
donde la luz insiste en el desuso
tratando de asumir
el óxido que, impreso en la rutina,
recubre todo tiempo de abandono.

Procuro pasear
las cosas que en los huesos,
los muros que de pie quedan de casa,
la urgencia contenida en las paredes
o en los cristales rotos.

Me gustaba tomar fotografías
de sitios que predican su derrumbe,
de ruinas que florecen en los dedos,
del musgo que tapiza de humedad
los órganos vitales.

Aquella foto fue mi despedida:
Nunca me percibí
tan frágil de intemperie.
Nunca me acarició, tan triste,
su belleza.

## Obsolescencia programada

Se muestran relucientes
en los escaparates los electrodomésticos,
la última novedad, la gran oferta.
Los precios en colores fluorescentes
se cuelgan de los ojos.
*No deje usted pasar esta ocasión*,
repite el empleado.
Los móviles, brillando como joyas,
en los expositores,
la bombilla encendida, presumiendo
de su bajo consumo incandescente,
las cámaras de fotos
atentas a tu estado.

Seducen sus promesas
pues son irrechazables.
Parecen muy felices mas
hay algo en su interior que los destruye:
su tiempo es limitado.
Un chip que se estropea,
las piezas sin recambio, la batería
que a los dos años ya no carga.
Pero lo desconocen.

Ayer, como otros días, en el parque,
un perro era feliz con otros perros,
los pájaros jugaban en su canto
ajenos al peligro,
un niño sonreía con su padre
en el columpio.

Quizás solo consista en eso,
en no saber,
en no querer saber,
que estamos programados.

## Que suceda el agua

El éxito consiste en el hacerse cargo.
Encalar las paredes con esmero,
sustituir los arriates que estén rotos
y trasplantar las flores a su norma.
Regar los maceteros con paciencia,
que toda agua suceda sin ser tiempo.
Podar algunas ramas por si acaso,
recoger los pétalos caídos,
reparar con saliva
los días de hojas secas.
Retirar los insectos que floten en la fuente...
Meterlo todo en bolsas de basura
y cavar en el hueso si es preciso.
Que no queme ninguna cicatriz,
que todo se parezca a recién hecho.
Engañarnos de vida poco a poco.

Mantener alejadas del parterre
las últimas preguntas.

*Sonríe aunque te duela el corazón.*
*Sonríe aunque lo tengas roto* [...].

Charles Chaplin

# ÍNDICE

*Este libro se terminó de editar en Granada*
*en enero de 2025 por*

**www.aversopoesia.com**
*hola@aversopoesia.com*